Lewis y Clark

Kathleen E. Bradley

Créditos de publicación

Rachelle Cracchiolo, M.S.Ed., *Editora comercial*
Conni Medina, M.A.Ed., *Redactora jefa*
Aubrie Nielsen, M.S.Ed., *Directora de contenido*
Robin Erickson, *Directora de arte*
Caroline Gasca, M.S.Ed., *Editora superior*
Wendy Conklin, M.A., *Editora*
Sam Morales, M.A., y Torrey Maloof, *Editores asociados*
Timothy J. Bradley, *Diseñador gráfico*
Jill Malcolm, *Diseñadora gráfica básica*

Créditos de imágenes: (portada) The Granger Collection, New York, The Library of Congress

Teacher Created Materials
5301 Oceanus Drive
Huntington Beach, CA 92649-1030
www.tcmpub.com
ISBN 978-0-7439-1370-6
© 2020 Teacher Created Materials, Inc.
Printed in China
Nordica.102019.CA21901929

Lewis y Clark

Resumen de la historia

Esta obra de teatro leído trata sobre las aventuras de Lewis y Clark. Ellos son los dos capitanes del Cuerpo de Descubrimiento. El presidente Jefferson les ha encargado la misión de encontrar una vía navegable desde las Montañas Rocosas hasta el océano Pacífico. El Cuerpo se enfrenta a muchos peligros y obstáculos durante su viaje hacia el oeste. Sacagawea, una indígena shoshone, es la traductora y la guía de la expedición. Ayuda al Cuerpo a encontrar a una tribu shoshone. Los indígenas dan caballos a Lewis y Clark para que puedan cargar los suministros por las Montañas Rocosas. Con la ayuda de los shoshones, Lewis y Clark pueden continuar su misión.

Consejos para actuar el teatro leído

Adaptado de Aaron Shepard

- No permitas que el guion te tape la cara. Si no puedes ver a la audiencia, entonces el guion está demasiado alto.

- Mientras hablas, intenta levantar la mirada con frecuencia. No mires solo el guion.

- Habla lentamente para que la audiencia sepa lo que estás diciendo.

- Habla en voz alta para que todos puedan oírte.

- Habla con sentimiento. Si el personaje está triste, haz que tu voz suene triste. Si el personaje está sorprendido, haz que tu voz suene sorprendida.

- Mantente de pie con la espalda recta. Mantén las manos y los pies quietos.

- Recuerda que, incluso si no estás hablando, continúas siendo tu personaje.

Consejos para actuar
el teatro leído *(cont.)*

- Si la audiencia se ríe, espera a que deje de hacerlo antes de comenzar a hablar nuevamente.

- Si alguien en la audiencia habla, no le prestes atención.

- Si alguien ingresa en la sala, no le prestes atención.

- Si cometes un error, sigue como si nada.

- Si algo se te cae, intenta dejarlo donde está hasta que la audiencia mire hacia otro lado.

- Si un lector olvida leer su parte, mira si puedes leer su parte, inventar algo o simplemente saltarla. ¡No le susurres al lector!

Lewis y Clark

Personajes

GEORGE DROUILLARD SACAGAWEA
MERIWETHER LEWIS GUERRERO
WILLIAM CLARK JEFE CAMEAHWAIT

Escenario

La historia comienza en 1805. El Cuerpo de
Descubrimiento viaja en canoa por el río Jefferson.
Están por llegar a las Montañas Rocosas. El Cuerpo
se divide en dos grupos para tratar de encontrar
a los shoshones. Un grupo de expedicionarios
sigue a pie, mientras que el otro continúa río
arriba en canoa. Los dos grupos se reúnen en
el campamento Fortunate. Luego, viajan hasta
el campamento de los shoshones, al pie de las
Montañas Rocosas.

Acto 1

DROUILLARD: Hace días que entramos al río Jefferson. Tenemos que seguir avanzando. Tenemos que cruzar las montañas.

LEWIS: Sacagawea, ¿dónde están los shoshones? Necesitamos hacer un trueque e intercambiar algunos de nuestros productos por sus fuertes caballos. Los caballos pueden ayudarnos a llevar nuestros suministros por las montañas.

SACAGAWEA: Cada año, mi pueblo viene a vivir a esta zona. Llegan entre las lunas de verano y otoño para pescar los salmones del río y recoger las bayas que crecen a lo largo de la orilla.

CLARK: Sacagawea, eras solo una niña la última vez que estuviste en esta zona. Quizás hayas olvidado cómo era.

SACAGAWEA: No, no lo he olvidado. Hace cinco veranos, los hidatsas asaltaron nuestra tribu y robaron nuestros caballos. También se llevaron la vida de muchos integrantes de mi pueblo, incluida mi madre. Recordaré el lugar cuando lo vea.

LEWIS: El invierno llegará temprano y, si no encontramos pronto a tu pueblo, nuestra expedición deberá retrasarse, o incluso suspenderse. Nuestro equipo tal vez no sobreviva un invierno aquí.

SACAGAWEA: Capitán Lewis, le aseguro que no será necesario suspender la expedición. Encontraremos a los shoshones a tiempo. Una vez que los encontremos, no tengo duda de que nos ayudarán en todo lo que puedan.

CLARK: Hace meses que no vemos una tribu. Como esta tierra nunca ha sido explorada, no tenemos mapas que nos guíen en la dirección correcta. Sacagawea, eres nuestra única esperanza.

SACAGAWEA: Entiendo su preocupación, pero siento que estamos muy cerca. El Gran Espíritu me guía. Estoy buscando una marca en particular. Esa marca nos ayudará a encontrar a los shoshones.

DROUILLARD: Nos quedan muy pocas provisiones. Pronto tendremos que tomar una decisión sobre el futuro de nuestra misión. Pero, por ahora, sigamos avanzando río arriba. Después del desayuno, prepararemos a los expedicionarios, los suministros y las canoas para salir. Sacagawea, ve a buscar a tu esposo y a tu hijo. Creo que la última vez que los vi fue al norte de la curva del río, justo después de ese claro.

SACAGAWEA: ¡Allí está! Soldado Drouillard, ¡la ha encontrado! El lugar que usted señala es exactamente la marca que estaba tratando de encontrar. Es esa roca que tiene forma de cabeza de castor, y la zona que está al noroeste de esa roca es el lugar donde encontrarán a mi pueblo.

Poema: Canción de Sacagawea

Acto 2

DROUILLARD: ¡El desayuno está listo! Hay cola de castor asada, sémola y bayas de aronia de sobra para todos. ¡Vengan a comer! Nos espera un largo día. Capitán Lewis, tome este plato.

LEWIS: Gracias, soldado Drouillard.

DROUILLARD: Capitán Lewis, creo que sería mejor si dividiéramos a los expedicionarios en dos grupos. Algunos podemos seguir adelante y recorrer esta nueva área a pie. Los demás pueden continuar río arriba en las canoas.

LEWIS: Es un excelente plan. Usted y yo viajaremos a pie con otros dos soldados. Podemos rastrear a los shoshones, y yo buscaré nuevas plantas y animales en el camino.

SACAGAWEA: Capitán, lleve esta manta. Cuando salude a mi pueblo, debe usar una manta para indicar que va en son de paz.

LEWIS: Entiendo.

SACAGAWEA: Muchas tribus visitan esta zona durante el verano. Los shoshones no tienen muchas armas. Por lo general, tienen arcos y flechas, mientras que las otras tribus tienen armas de fuego. Por eso, estarán a la defensiva.

LEWIS: Gracias por esta valiosa información. No quiero perder la oportunidad de negociar con tu pueblo, ya que necesitamos su ayuda con urgencia.

CLARK: Buena suerte, capitán Lewis. Tengo un buen presentimiento. Usted es el mejor hombre para rastrear a pie. Estos últimos meses, ha descubierto una variedad de nuevas especies de plantas y animales nunca antes vistas por el hombre blanco. Por lo tanto, imagino que no tendrá ningún problema para localizar a los shoshones.

SACAGAWEA: Lo más probable es que estén pescando. Estarán tratando de atrapar los últimos salmones. Y estarán recogiendo bayas. Busque sus huellas a lo largo del río.

CLARK: Tenga a mano su catalejo, capitán Lewis. Estoy seguro de que encontrará a los shoshones antes que nosotros. Con un grupo de búsqueda más pequeño, los tímidos shoshones seguramente no se sentirán amenazados y estarán más dispuestos a reunirse con usted.

Acto 3

LEWIS: Soldado Drouillard, ¡mire, allí! ¿Ve al indígena que está adelante, a unas dos millas de nosotros? Está sobre la cresta, y parece que monta su caballo a pelo. Apuesto a que es un shoshone. Debo enviar la señal de la manta.

GUERRERO: El jefe Cameahwait y sus valientes pronto partirán a cazar bisontes, y quiere asegurarse de que las mujeres y los niños estén a salvo de los ataques de otras tribus durante su ausencia. ¿Quiénes son estos hombres, y qué buscan?

DROUILLARD: Parece que se acerca, pero con cautela.

GUERRERO: Este no es un buen momento para que aparezcan forasteros. ¿Por qué están vestidos de pies a cabeza en esta época del año? Ni siquiera hay nieve todavía. ¡No! ¡Llevan armas de fuego! Debo darme prisa y advertir al jefe enseguida.

LEWIS: ¡No! ¡Se está retirando!

DROUILLARD: Se ha subido al caballo de un salto y se dirige al bosque de sauces. ¡No debemos perderlo de vista! ¡Podemos seguirlo hasta la tribu si nos damos prisa!

LEWIS: ¡Miren! Las huellas de caballo conducen en esta dirección, así que debemos estar cerca. El campamento shoshone probablemente esté justo por aquí, al oeste.

DROUILLARD: Capitán Lewis, ¡espere! ¡Mire, hacia el noreste! Hay tres mujeres indígenas en la orilla del río. Tal vez podamos convencerlas de que nos lleven ante su jefe.

LEWIS: Iré a hablar con las mujeres. Ustedes tres quédense aquí, y volveré en un momento.

DROUILLARD: Buena suerte, capitán Lewis.

CAMEAHWAIT: ¡Guerreros! ¡Avancen!

DROUILLARD: ¡No! El indígena que vimos antes debe de haber alertado a su tribu porque hay al menos 60 guerreros a caballo que vienen hacia nosotros ¡a toda velocidad! ¡Cuidado, capitán Lewis!

CAMEAHWAIT: ¡Guerreros! ¡Deténganse! Obedezcan la orden de su jefe. Hay mujeres de nuestra tribu en los alrededores. Vamos a proceder con cautela. Forasteros, declaren de inmediato por qué están aquí.

LEWIS: Mis hombres y yo venimos en son de paz. Soy el capitán Lewis. Pondré mi rifle en el suelo y quedaré desarmado ante ustedes. ¿Son de la tribu shoshone?

GUERRERO: Sí. Jefe Cameahwait, estos son los hombres que vi. Estaban rastrillando la zona a lo largo de la orilla del río. Buscan algo.

CAMEAHWAIT: Forasteros, ¿qué buscan?

LEWIS: ¡A ustedes! A usted y su tribu.

DROUILLARD: Nuestro líder, el presidente Jefferson, nos ha enviado en un viaje de descubrimiento. Queremos hacer un trueque e intercambiar nuestros productos por algunos de sus fuertes caballos para cruzar las montañas que están a sus espaldas.

CAMEAHWAIT: Nos estamos alistando para salir a cazar bisontes, como lo hacemos cada verano. No hay tiempo para el trueque.

GUERRERO: Podrían trabajar para los pahkees. Si es así, entonces nuestro pueblo está en gran peligro.

CAMEAHWAIT: No. Un hombre que deja sus armas ante nosotros no representa ninguna amenaza.

LEWIS: Dejamos nuestras armas de fuego y le damos la bandera de nuestro país. Es el mayor símbolo de nuestra honestidad y amistad.

CAMEAHWAIT: ¿Por qué es blanca su piel? ¿A qué tribu pertenecen?

LEWIS: No somos de ninguna tribu indígena. Somos hombres blancos.

GUERRERO: Hemos oído hablar de hombres de piel blanca, pero nunca los habíamos visto.

DROUILLARD: Nuestro líder desea que encontremos una ruta directa al océano que está al otro lado de esas montañas. ¿Conocen alguna masa de agua que se extienda hasta donde se pone el sol?

CAMEAHWAIT: Los shoshones no nos aventuramos más allá de esas montañas. Sin embargo, a veces hacemos trueques con tribus que intercambian caracolas por nuestros caballos. ¿Ven lo que llevo en el cuello? Me dijeron que esta caracola que cuelga en el centro de estas garras de oso viene del gran océano que ustedes buscan.

GUERRERO: Es muy peligroso viajar sin armas de fuego. Además, ¿por qué cazar en el terreno montañoso y escarpado cuando no hay nada para comer allí? Solo en las llanuras encontramos bisontes. ¿Qué es lo que necesitan de nosotros y cómo sabemos que podemos confiar en ustedes?

LEWIS: No lo saben, pero nosotros sabemos que podemos confiar en ustedes. Una mujer shoshone viaja con nosotros. De niña, fue raptada por los hidatsas y luego entregada en un intercambio a uno de los intérpretes que contratamos para este viaje. Ella dice que su tribu es de confianza.

CAMEAHWAIT: ¿Dónde está esa mujer misteriosa?

DROUILLARD: Está con otro grupo de los nuestros. Ellos viajan en canoas para transportar todos nuestros suministros. Llegarán pronto.

GUERRERO: Solo hay una cosa que nuestra tribu necesita, y son armas de fuego. ¿Mencionó ella que necesitamos urgentemente armas de fuego para protegernos?

DROUILLARD: Sí. Lo explicó con mucha claridad.

CAMEAHWAIT: Las tribus enemigas, como los hidatsas y los pies negros, tienen armas de fuego. Han atacado nuestro campamento muchas veces. Necesitamos armas de fuego para proteger y alimentar a nuestras familias.

GUERRERO: Es muy difícil cazar bisontes con arco y flecha. Los hombres de las otras tribus suelen ser más fuertes porque comen carne todo el año. En cambio, nosotros nos vemos obligados a vivir como osos y sobrevivir comiendo peces, raíces y bayas.

LEWIS: Jefe, lo lamento, pero no trajimos armas de fuego de más para hacer un trueque.

DROUILLARD: ¿Podemos hacer un trueque hoy por algunos de sus caballos, sin armas de fuego? Si es así, nuestro líder les dirá a los hombres blancos que pueden intercambiar armas de fuego con ustedes en el futuro.

GUERRERO: Jefe Cameahwait, ¡este hombre blanco miente! Están tratando de aprovecharse de nosotros.

CAMEAHWAIT: ¡No lo creo! Frente a 60 guerreros a caballo que apuntan con arco y flecha, un farsante me habría dicho lo que quería escuchar. No, este hombre me dice la verdad.

LEWIS: Gracias por su confianza.

DROUILLARD: Necesitamos sus caballos y su ayuda para cruzar esas montañas. Si nuestro viaje sale bien, su tribu pasará a ser un aliado de confianza y de valor para el trueque, y su deseo de tener armas de fuego se cumplirá. Le damos nuestra palabra.

Acto 4

CAMEAHWAIT: Usted dijo que el resto de su grupo llegaría pronto y listo para el trueque. Estamos muy decepcionados.

GUERRERO: Retrasamos nuestra caza de bisontes tres días y nos alejamos muchas millas de la zona de caza. Todos creen que ustedes nos llevan a una trampa. ¡Tengo la sensación de que esto es un gran error! Nunca debimos haber confiado en estos hombres blancos.

DROUILLARD: ¡Disparates! Tomen nuestros rifles, y si se sienten amenazados antes de que salga el sol, úsenlos. Pero les digo que nuestro grupo vendrá.

LEWIS: Soldado Drouillard, mañana se marchará e irá a buscar al capitán Clark. Estoy seguro de que se ha retrasado porque el río es muy traicionero.

GUERRERO: Tal vez el Gran Espíritu siente que esta tierra no es para hombres blancos. Jefe Cameahwait, creo que deberíamos continuar con la caza ahora mismo.

DROUILLARD: Capitán Lewis, mire hacia el oeste, a unos 40 pasos. ¡El capitán Clark y el resto de los expedicionarios por fin han llegado! ¡Y justo a tiempo!

CLARK: ¡Capitán Lewis! ¡Viejo amigo! ¡Cuánto me alegro de volver a verlo! ¡Y a usted también, soldado Drouillard!

DROUILLARD: Capitán Clark, ¿qué está haciendo Sacagawea? ¿Por qué baila con los dedos en la boca?

GUERRERO: Con ese baile, esta mujer nos cuenta que es de nuestra nación. Es una de nosotros, ¡y por eso mi pueblo grita y celebra! Están felices de ver regresar a uno de los nuestros.

SACAGAWEA: ¡Tiene razón! Hablan mi idioma, y yo reconozco su vestimenta y sus costumbres. Es una muy buena señal. ¡Por fin hemos encontrado a los shoshones! ¡Gracias, Gran Espíritu!

DROUILLARD: Jefe Cameahwait, ahora puede ver que somos hombres de palabra. Nuestro grupo ha llegado, como prometimos. Tenemos nuestros productos aquí y estamos listos para hacer el trueque.

LEWIS: ¿Ya podemos comenzar las negociaciones?

SACAGAWEA: El jefe ha tendido una tela blanca para que nos sentemos. Es un honor y significa que está listo para negociar.

CLARK: Nosotros también prometemos hacer un trueque justo. Los shoshones son famosos por sus excelentes caballos. También saben cómo viajar por esta cordillera.

CAMEAHWAIT: Levanto esta pipa sagrada hacia el cielo, primero. Luego, la levanto en todas las direcciones en que sopla el viento por la tierra del Gran Espíritu. Cada uno fumará para mostrar nuestra unidad. El Gran Espíritu quiere que todos los que caminan en esta tierra vivan juntos en armonía.

SACAGAWEA: Jefe, ¿qué tiene usted que me parece familiar? ¿Son las palabras que usa? ¿Son sus gestos?

CLARK: Sacagawea, tus ojos se llenan de lágrimas. ¿Sucede algo malo?

SACAGAWEA: ¡No, nada malo! ¡Todo está absolutamente perfecto! Estas no son lágrimas de tristeza, sino de pura alegría. Jefe, ¿no me reconoces? ¡Soy tu hermana! Nuestros nombres y apariencias han cambiado mucho desde la última vez que nos vimos. Hace cinco veranos, tú no eras más que un niño, y yo era solo una niña. Ay, hermano, ¡te extrañé muchísimo!

CAMEAHWAIT: Hermana, ¡eres tú! Esperé este día mucho tiempo. Ahora, después de muchas lunas, por fin ha llegado.

GUERRERO: Al principio, dudé de estos hombres, pero ahora creo que el Gran Espíritu los ha guiado hasta nosotros.

SACAGAWEA: Capitanes, el Gran Espíritu no los llevó hasta una tribu shoshone cualquiera: ¡los llevó hasta mi tribu! Hermano, debes saber que estos hombres son honrados. El Gran Espíritu los guía.

CLARK: Soldado Drouillard, por favor, ¡toque su violín! Bailaremos para celebrar nuestra buena suerte. Llamaremos a este lugar campamento Fortunate, que significa "afortunado".

Acto 5

CAMEAHWAIT: Debo proteger a mi gente del ataque de tribus enemigas. Los otros indígenas piensan que somos débiles porque no tenemos armas de fuego.

GUERRERO: Cuando tengamos armas de fuego, podremos defendernos. Cuando se corra la voz, nos dejarán vivir en paz.

CLARK: Durante nuestro viaje, hemos hablado con los hidatsas, los mandanes y los misuris. Todos ellos prometieron dejar de atacar a los shoshones.

SACAGAWEA: El capitán Clark dice la verdad. Estuve con él durante esas reuniones. Estos hombres no quieren dañar a los shoshones. Quieren ayudarlos a tener armas de fuego, pero necesitan ayuda a cambio.

GUERRERO: En última instancia, las armas de fuego se usarán para cazar, para que nuestra gente esté bien alimentada, no para dañar a otros seres humanos. El Gran Espíritu ha escuchado nuestras plegarias y está contento con lo que pedimos.

CLARK: Entonces, ¡tenemos un trato! El comercio entre nosotros y los shoshones comenzará a partir de ahora. Cuando tengamos una ruta directa al océano Pacífico, imagínense los productos que podremos intercambiar en trueque.

GUERRERO: Mi jefe está decepcionado porque no pueden darnos armas de fuego ahora, pero está dispuesto a esperar.

CLARK: Jefe Cameahwait, le pido que tome esta medalla como símbolo de nuestro compromiso con su pueblo. Tenerla significa que es amigo del gobierno de Estados Unidos. De un lado, tiene grabado el rostro de nuestro líder, el presidente Jefferson. Del otro, hay un grabado de dos manos estrechadas junto a una pipa y un hacha tomahawk.

CAMEAHWAIT: Acepto esta medalla con orgullo y honor. La consideraré un símbolo de su compromiso con mi pueblo.

CLARK: También le ofrecemos esta chaqueta y esta camisa de nuestro uniforme, tabaco y algunos otros artículos pequeños. Esperamos que estos regalos sean valiosos para usted y su tribu.

CAMEAHWAIT: Los shoshones se beneficiarán con estos regalos. Por estos artículos, le daré tres de nuestros caballos. Ahora, debo irme y volver a mi tribu.

GUERRERO: Acampamos junto al río, al pie de las montañas. Regresaremos con caballos para transportar su equipaje desde estas canoas hasta nuestro campamento.

CAMEAHWAIT: Una vez que vean que las montañas son intransitables por agua, seguiremos negociando. Les daremos caballos nuevos para su viaje.

CLARK: De acuerdo. Lewis, quédese aquí con nuestro equipaje. Iré con el jefe, Sacagawea y 11 de nuestros hombres. Mientras el jefe regresa con más caballos, exploraremos el río para ver si es navegable. Si es así, construiremos canoas. Entonces, solo necesitaremos la ayuda de los shoshones para llevar nuestros suministros a las canoas nuevas. Si el río es intransitable, entonces negociaremos para tener más caballos.

SACAGAWEA: Cuando lleguemos al campamento, deben hablar con uno de los ancianos shoshones. Lo llaman Águila Fuerte, y es quien más lejos ha llegado a través de las montañas. ¿No es así, hermano?

CAMEAHWAIT: Hermana, recuerdas bien a nuestra gente. Águila Fuerte conoce las cascadas peligrosas y los caminos estrechos que hay en las montañas que ustedes desean cruzar.

CLARK: Mi brújula solo puede guiarnos en la dirección correcta. Tener un shoshone con nosotros, uno que conozca bien las montañas, sería muy valioso. ¿Puede guiarnos Águila Fuerte?

CAMEAHWAIT: Si Águila Fuerte desea ayudarlos por un precio, se llegará a un acuerdo.

GUERRERO: Partiremos hacia el campamento apenas salga el sol. Les presentaré a Águila Fuerte cuando lleguemos. Entonces podrán proponerle que sea su guía.

Acto 6

DROUILLARD: Capitán Lewis, ¿recuerda las tres mujeres shoshones que encontramos antes?

LEWIS: ¡Por supuesto! ¿Qué ocurre? Parece molesto, soldado Drouillard. ¿Sucedió algo malo?

DROUILLARD: Las oímos decir que el jefe acaba de dar instrucciones a su tribu para que empaquen y abandonen el campamento. El mismo campamento donde estamos planeando reunirnos con ellos para intercambiar los caballos.

LEWIS: ¡Debe ser un error! Sacagawea, busca a tu jefe de inmediato. Debo hablar con él directamente.

SACAGAWEA: ¿Qué pasa, capitán Lewis?

CLARK: Parece que tu jefe nos traicionó. ¡Rompió su promesa!

SACAGAWEA: Estoy segura de que hubo un malentendido. Mi hermano es un hombre de palabra y no rompería su promesa.

CLARK: Capitán Lewis, el jefe se acerca.

LEWIS: Jefe Cameahwait, pensé que era un hombre de palabra. Prometió ayudarnos a llevar nuestro equipaje a su campamento. Prometió que dejaría a su pueblo negociar caballos con nosotros.

CAMEAHWAIT: Todo eso es verdad.

CLARK: Entonces, señor, ¿por qué le ha pedido a su tribu que abandone el campamento?

CAMEAHWAIT: Anoche recibí la noticia de que mi tribu estaba hambrienta. La nieve de las montañas bajará a los valles dentro de unos días, y debo conseguir alimentos porque ya no quedan salmones.

GUERRERO: La caza de bisontes no puede retrasarse más.

LEWIS: Todo lo que hemos prometido lo hemos cumplido. El capitán Clark llegó al campamento Fortunate. Le dimos regalos. Incluso compartimos las presas que obtuvieron nuestros cazadores.

GUERRERO: Con sus muchas armas de fuego...

CLARK: ¡Basta! Lo único que hacen es quejarse por las armas de fuego. ¡Como si fueran lo único que importa!

GUERRERO: Y lo único que les importa a ustedes es cruzar las montañas y encontrar el gran océano. No les importa si nuestra tribu vive o muere. Solo quieren decirle a su líder que la expedición tuvo éxito.

CLARK:	Jefe Cameahwait, ¿por qué no puede ver que si cruzamos esas montañas ustedes tendrán armas de fuego? Una vez que crucemos, quedará establecido el comercio.
CAMEAHWAIT:	Tiene razón. Enviaré a mi hombre de vuelta al campamento de inmediato. Él transmitirá mi orden de que la tribu debe quedarse hasta que lleguemos. Me aseguraré de que ustedes reciban caballos y ayuda.

Acto 7

LEWIS:	Veo el campamento de los shoshones. El sol se pone sobre los tipis de piel de búfalo, y veo una fogata y a los shoshones a su alrededor.
CAMEAHWAIT:	Por favor, capitán Lewis, disparen sus armas de fuego una sola vez. Mi hombre ha avisado a mi tribu que anunciarán su llegada con el sonido del fuego. Esta será la primera vez que ese ruido signifique buena voluntad y buena fortuna para mi tribu.
GUERRERO:	Capitán Lewis, ¡ha llegado! La tribu estará feliz de verlo y daremos a usted y sus expedicionarios una cálida bienvenida. También tengo un mensaje escrito del capitán Clark para usted.

LEWIS: Mi cocapitán dice que, efectivamente, los canales son intransitables y que necesitamos más caballos. Jefe, ¿podemos hacer un nuevo trueque para obtener más de sus fuertes caballos?

CAMEAHWAIT: ¡Por supuesto! Capitán Lewis, también me gustaría regalarles esta esclavina de piel de nutrias y de cien comadrejas blancas. Por favor, acéptenla como un recordatorio de los shoshones y las promesas hechas entre nosotros.

LEWIS: Esta es la prenda indígena más elegante que he visto en mi vida. Es un honor aceptarla. Recordaremos a los shoshones con afecto.

SACAGAWEA: Bailaremos y celebraremos esta feliz ocasión. ¡Hay mucho que agradecer!

LEWIS: ¡Nuestro viaje será un éxito!

Canción: América, la bella

Canción de Sacagawea

por Martha Hart-Johns

Soy Sacagawea.
Soy la orgullosa Sacagawea.
Orgullosa shoshone.
Arrancada de mi tribu cuando era niña,
no tengo padres.
La tierra es mi Madre, mi maestra.
De paso firme como la cabra,
de corazón fuerte como el oso,
crecí para guiar a hombres de cara pálida.
En mi viaje encontré a mi pueblo errante,
como yo, orgullos shoshones.
Me recibieron y nos dieron caballos.
Nos salvaron y nos dieron caballos.
Las rocas y los árboles son mi mapa.
Los hijos de mis hijos dirán:
"Orgullosa Sacagawea, los condujo por la tierra,
a las turbulentas Aguas del Oeste".
No tendré miedo.
Síganme.

Esta es una versión abreviada del poema completo.

América, la bella
por Katharine Lee Bates

Es bella por su vasto azul,
el oro de su mies,
montañas de color carmín
y el fruto a sus pies.

Coro:
¡América! ¡América!
Su gracia el Señor Dios,
con su amor, Él derramó
¡en toda tu extensión!

Es bella por el sueño de
la patria que no muere.
Ciudades brillan, blanca luz
que el llanto no ensombrece.

Coro

Esta es una versión abreviada de la canción completa.
Su nombre en inglés es "America the Beautiful".

Glosario

alabastro: un mineral blando que suele ser de color blanco y se usa en esculturas

ambarinas: de color amarillo oscuro

armas de fuego: rifles o pistolas

catalejo: instrumento para ver a distancia

ensombrece: oscurece, hace perder brillo o alegría

esclavina: una bufanda, chal o capa

espaciosos: grandes o amplios en tamaño y capacidad

especies: clases del mismo tipo de cosas que llevan el mismo nombre

expedición: un viaje realizado con un propósito específico

majestuosos: que tienen grandeza

negociar: tratar o comerciar

nos aventuramos: buscamos arriesgándonos

rastrillando: buscando con cuidado

traicionero: que no es seguro porque tiene peligros ocultos

trueque: un intercambio de productos o servicios que se realiza sin usar dinero